MAXIME GORKI

Vladimir Iliitch LÉNINE

Préface de A. PIERRE

PARIS

Bibliothèque du *Parti Socialiste et de l'Humanité*
142, Rue Montmartre, 142

1920

Prix : 60 centimes

Maxime GORKI

Vladimir Iliitch LÉNINE

Préface de A. PIERRE

PARIS

Librairie du *Parti Socialiste* et de *l'Humanité*

142, Rue Montmartre, 142

1920

On trouvera dans cette brochure, à la suite du portrait de Lénine qui a paru dans l'*Internationale Communiste*, nº 12 (juillet 1920), quelques articles antérieurs de Gorki :

1) Un appel au monde civilisé, intitulé « Lénine et Wilson ».

2) Un article qui a pour titre « Hier et Aujourd'hui ».

3) Une lettre de Gorki à Wells.

4) La révolte des esclaves.

Ces textes nous paraissent compléter heureusement l'étude sur Lénine, par un éloge, non seulement du théoricien du communisme, mais de l'œuvre accomplie par lui et ses collaborateurs en Russie.

VLADIMIR ILIITCH LÉNINE

PRÉFACE

> La force qui m'a retenu toute ma vie et qui me retient sur cette terre, c'est la foi que j'ai dans la raison humaine.
>
> Maxime Gorki.

C'est à l'heure des grandes crises que l'on reconnaît les grandes âmes.

L'élite intellectuelle russe, l'Intelligentia, qui depuis le règne de Nicolas Ier avait courageusement lutté pour l'émancipation du peuple, salua la Révolution russe en mars 1917 avec un enthousiasme unanime, mais fut littéralement prise de panique lors de l'avènement des bolcheviks. Nombreux furent les savants, les écrivains, les artistes qui suivirent dans l'exil les propriétaires fonciers, les industriels, les banquiers, tous les fonctionnaires et les profiteurs de l'ancien régime. On vit un Leonide Andreiev lancer un grand cri de détresse et maudire les bolcheviks. On vit un Merejkovski pousser l'aberration jusqu'à renier tout son passé de grand écrivain russe, et se découvrir soudain une nationalité polonaise. On vit avec eux les Bounine, les Kouprine, etc., réclamer des Alliés, au nom du « patriotisme russe », l'intervention militaire et le blocus, qui devait faire mourir de faim et de froid des milliers de leurs frères.

Mais tandis que ces hommes de peu de foi abandonnaient leur pays à l'heure où il avait le plus besoin d'eux, d'autres restaient, et en restant proclamaient leur inaltérable confiance dans la résurrection de la Russie régénérée par la Révolution.

Maxime Gorki fut à la tête de cette phalange d'hommes courageux (1).

Il tint à vivre la vie quotidienne de la Révolution et à partager les souffrances du peuple. Il connut les jours de gloire et les jours de détresse. Son grand cœur saigna parfois quand il vit ce peuple si longtemps esclave s'enivrer de vengeance et détruire le passé à si grands coups qu'il risquait de compromettre l'avenir et d'empêcher, par l'amoncellement des ruines, la création du nouvel édifice. Il pleura les milliers de victimes de la Terreur et de la guerre civile. Cependant, aux moments les plus sombres, il ne désespéra jamais. Il comprit que la Révolution russe, comme toutes les révolutions de l'histoire, avait fatalement déchaîné tous les mauvais instincts du peuple, et que tout ce qui avait été comprimé

---

(1) Maxime Gorki est né en 1869, à Nijni-Novgorod. Son père, qui était un pauvre teinturier, le laissa orphelin à quatre ans. Sa mère était fille d'un haleur de la Volga. Issu du peuple, Gorki eut une enfance laborieuse et douloureuse. Apprenti cordonnier, à huit ans, il se révolte contre son maître qui le brutalisait, et se lance dans la vie errante. Il devient tour à tour haleur de lourdes péniches sur la Volga, marchand de *kvas* (la boisson nationale russe), aide-cuisinier sur un vapeur, aide-boulanger à Kazan. Dans cette ville, il fait connaissance d'étudiants qui dirigent son instruction. Sa vocation littéraire se dessine; il fait la connaissance de l'écrivain Korolenko qui le décide à écrire. A 25 ans, en 1894, il publie sa première nouvelle, *Makar Tchoudra*. Depuis cette date, Gorki a acquis une réputation universelle comme romancier, comme conteur et comme auteur dramatique.

Gorki est un peintre admirable de la vie russe, et surtout de la souffrance des misérables dont il a partagé l'existence. Il a décrit avec un âpre réalisme, adouci par la pitié, les vices des êtres tombés, broyés par la société, ainsi que les aspirations des plus humbles vers l'idéal. Il n'y a dans aucune littérature d'œuvre plus sincère, plus profondément humaine que la sienne.

Nota. — La plupart de ses romans et de ses contes ont été traduits en français.

pendant des siècles devait faire explosion. Mais il fut
un des premiers à voir que naissait dans son pays
une force nouvelle, « une force lumineuse, animée
d'une grande pensée, inspirée par le rêve éblouissant
d'un royaume de justice, de liberté, de beauté » (1).
Il fut un des premiers à répudier les doctrines d'anar-
chie et de liberté sans limites qui avaient été chères
à tant de ses compatriotes, et à glorifier la science et
la raison. La science doit être démocratique, disait-il
en 1917; il faut en faire l'apanage du peuple. « Seule
la science nous donnera la conscience; seule, elle nous
permettra d'apprécier justement nos forces et les problèmes du moment; seule elle nous ouvrira la voie
large pour de nouvelles conquêtes. »

*
* *

Certes, Gorki ne s'éleva pas d'emblée à sa haute
conception actuelle de la crise qui secoue le peuple
russe.

Il y a trois ans, au moment où les bolcheviks ren-
versaient Kerenski et s'emparaient du pouvoir, il
était de ceux qui lançaient l'anathème. Il ne voyait
encore dans le bolchevisme que le côté destructif. Il
considérait Lénine comme un savant cynique qui
poursuit froidement ses expériences de révolution
sociale sur le corps pantelant de la Russie. Il dénon-
çait comme des crimes la dissolution de l'Assemblée
Constituante et la conclusion de la paix de Brest-
Litovsk.

Mais petit à petit il se rendit compte que les nouveaux maîtres de la Russie travaillaient avec ardeur,
dans des circonstances effroyablement pénibles, au
relèvement du pays, et qu'ils avaient le noble souci
de l'éducation du peuple. Sans se déclarer communiste, et tout en réservant sa liberté de jugement sur
les méthodes des Commissaires du peuple, il offrit

---

(1) Voir l'article « La révolte des esclaves ».

ses services à Lounatcharski. Il fut chargé d'organiser la propagande intellectuelle et de diriger une vaste entreprise de traduction des chefs-d'œuvre étrangers. Par la noblesse naturelle de sa pensée, il exerça une influence heureuse sur tous les hommes politiques qui l'approchaient, et fit rapporter certains décrets démagogiques inspirés par une défiance d'ailleurs compréhensible vis-à-vis des intellectuels. Il obtint qu'une ration alimentaire spéciale fut accordée à tous les savants, artistes et hommes de lettres, et fit entendre que la République des ouvriers et des paysans, que la République des travailleurs manuels ne pouvait se passer du fraternel concours des travailleurs du cerveau.

Sa collaboration au pouvoir des Soviets est devenue de plus en plus étroite au fur et à mesure que la République consolidait ses forces et attirait sur elle à la fois l'hostilité farouche des bourgeois et l'ardente sympathie des prolétaires du monde entier. Au moment où le vieux savant Timiriazev entrait au Soviet de Moscou, Gorki était élu en janvier dernier membre du bureau du Soviet de Petrograd. Il parvenait ainsi au terme de son évolution, et en participant activement au travail d'une des grandes assemblées de la République, il prenait sur lui une part de responsabilité des actes de la Révolution prolétarienne russe.

*
* *

La noble attitude de Gorki pendant ces années d'épreuve fait honneur à sa vie d'homme et d'écrivain.

Ses éloges répétés de l'œuvre entreprise par les révolutionnaires russes, son magnifique portrait de Lénine, sont des réfutations éclatantes des calomnies colportées par la presse bourgeoise de tous les pays.

Les témoignages de Gorki, d'un homme profondément honnête et purement désintéressé, ne peuvent manquer d'avoir un grand retentissement dans le monde, et d'ébranler les consciences de ceux qui se sont laissés jusqu'ici empoisonner lentement par le venin des détracteurs systématiques de la Révolution russe.

Par le rôle qu'il a assumé durant cette période tragique et belle de l'histoire russe, Gorki a donné une leçon aux intellectuels du monde. Comme il le disait le 9 avril 1917, « le devoir des hommes de pensée, des hommes de science, est de ne pas se tenir à l'écart des grands événements. L'histoire les appelle à la place qui légitimement leur revient, aux premiers rangs des créateurs de la vie nouvelle » (1). Gorki a tenu la parole qu'il avait donnée à l'aurore de la Révolution, et a répondu à l'appel de l'histoire. Il est au premier rang; il est au poste d'honneur. Ce sera la gloire des révolutionnaires russes d'avoir eu un chantre tel que lui, et l'on peut être sûr que l'histoire impartiale ratifiera le jugement qu'il a porté sur leur œuvre.

ANDRÉ PIERRE.

---

(1) Passage d'un discours prononcé à Petrograd, à la première réunion de l' « Association libre pour le développement et la propagation des sciences positives ».

Vladimir Iliitch Lénine

Bien que partisan de la théorie qui affirme que le rôle de l'individu dans le processus du développement de la culture est insignifiant, V. I. Lénine m'apparaît comme une source d'énergie sans l'influence de laquelle la Révolution russe n'aurait pu prendre la forme qu'elle a prise.

Un jour j'ai comparé Lénine, relativement, à Pierre le Grand, et l'on s'est moqué de cette comparaison, qu'on trouvait exagérée. Mais c'était justement une comparaison relative : pour moi, le rôle de Lénine comme réformateur social de la Russie est inférieur à son importance comme révolutionnaire mondial. Il n'est pas seulement l'homme, à la volonté duquel l'histoire a confié la terrible tâche de remuer jusqu'au fond la fourmilière humaine, bigarrée, mal bâtie et paresseuse qu'on nomme la Russie ; sa volonté est un bélier infatigable, dont les coups ébranlent puissamment les Etats capitalistes d'Occident aux constructions monumentales, et les blocs séculaires des Empires despotiques exécrables de l'Orient.

Je continue à penser, comme je le pensais il y a deux ans, que pour Lénine, la Russie n'est que le matériel d'une expérience commencée à l'échelle mondiale planétaire. Auparavant cette idée, assombrie par un sentiment de pitié pour le peuple russe, m'indignait ; mais après avoir observé que le cours des événements de la Révolution russe, en s'élargissant et en s'approfondissant, éveille et organise de plus en plus des forces capables de détruire les bases du régime capitaliste, je trouve maintenant que si la Russie est destinée à servir d'objet d'expérience, il serait injuste d'en rendre responsable l'homme qui s'efforce de transformer l'énergie potentielle des masses laborieuses de Russie en énergie effective, en énergie cinétique.

Chacun reçoit ce qu'il a mérité, et cela est juste. Un peuple qui s'est corrompu dans l'atmosphère étouffante de la monarchie, un peuple dépourvu d'activité et de volonté, manquant de foi en lui-même, pas suffisamment « bourgeois » pour être fort dans la résistance, et pas assez fort pour tuer en lui la tendance misérable, mais tenace, vers le bien-être bourgeois, ce peuple, selon la logique de son histoire sans génie, doit évidemment vivre tous les drames et toutes les tragédies obligatoires pour un être passif et qui vit à l'époque d'une féroce lutte de classes, dont l'expression la plus répugnante est cette turpitude sanglante qu'on appelle la guerre de 1914-1918.

Bien entendu, je n'ai pas l'intention d'écrire un discours pour défendre ou justifier V. Lénine. Cela n'est nécessaire ni pour lui, ni pour moi. Mais je le connais un peu, et quand « les gens qui pensent objectivement » l'accusent d'être l'instigateur d'une guerre civile cruelle, de la Terreur, et d'autres crimes analogues, je me souviens de Lloyd George qui, en 1913-1914, prononçait des discours élogieux à l'adresse du peuple allemand, quand il accompagnait une excursion d'instituteurs anglais en Allemagne et recevait des instituteurs allemands en Angleterre, et qui, dans le même temps, aiguisait des baïonnettes et fabriquait des obus destinés à mettre les Allemands en pièces.

Tous ces « grands hommes » : le plus infâme-cynique, Clemenceau ; le « naïf démocrate romantique » Woodrow Wilson; les socialistes, qui votaient les crédits pour l'organisation de la guerre européenne ; les savants, qui découvraient les gaz asphyxiants, et autres horreurs ; les poètes, qui maudissaient, en 1914, les Allemands et, en 1918, les Anglais ; toute cette moisissure et cette rouille d'une vieille société en décomposition, c'est elle qui, de sa main abjecte, a porté une blessure profonde, peut-être mortelle, à la culture européenne ; c'est elle qui continue de martyriser avec sadisme le corps de la Russie, en contribuant à la continuation de la guerre civile, en étouffant notre pays par le blocus, en tuant ses petits enfants par la faim et le froid.

Les erreurs — s'il est nécessaire d'en parler — ne sont pas des crimes. Les erreurs de Lénine sont les erreurs d'un homme honnête, et il n'y a pas encore eu au monde un seul réformateur qui ait agi d'une manière infaillible. Mais eux, Lloyd George, Clemenceau et Cᵗᵉ, agissent infailliblement, comme de véritables forçats, comme des assassins de profession quand ils condamnent aux tourments de la faim et du froid tout un peuple, et quand ils favorisent la continuation d'une guerre civile tout à fait insensée, car, en dehors des bolcheviks, il n'y a pas en Russie de forces capables de prendre en mains le pouvoir et d'éveiller l'énergie du pays épuisé, énergie indispensable pour le travail productif.

*
* *

Pour en revenir à Lénine, je dois dire que mes sympathies personnelles pour lui ne jouent aucun rôle au moment où j'écris à son sujet. Je l'envisage comme un être soumis à mon observation, tout comme d'autres gens et d'autres phénomènes qui ne peuvent pas ne pas m'intéresser, en tant qu'écrivain racontant la vie de mon pays.

Voyez, cet homme prononce un discours à un meeting d'ouvriers; il parle en termes extrêmement simples, avec une langue de fer, avec la logique d'une hache; mais dans ses rudes paroles je n'ai jamais entendu de démagogie grossière, ni aucune recherche banale de la belle phrase. Il parle toujours de la même chose : de la nécessité de supprimer jusqu'à la racine l'inégalité sociale des hommes et des moyens d'y parvenir. Cette antique vérité retentit sur ses lèvres avec un son âpre, implacable ; on sent toujours

qu'il croit inébranlablement en elle ; on sent combien
est calme sa foi, foi d'un fanatique, mais d'un fana-
tique-savant, et non d'un métaphysicien, d'un mys-
tique.

Il me semble que ce qui est individuel ne l'inté-
resse presque pas ; il ne pense qu'aux partis, aux
masses, aux États, et en cela il a le don de la prévi-
sion, de l'intuition géniale d'un penseur-expérimen-
tateur. Il possède cette heureuse clarté de pensée que
l'on n'atteint que grâce à un travail intensif et inin-
terrompu.

Un Français me demandait un jour :

— Ne trouvez-vous pas que Lénine est une guil-
lotine qui pense ?

— Pour moi, je comparerais le travail de sa pensée
aux coups d'un marteau qui, doué de la vue, écrase
et détruit précisément ce qui, depuis longtemps, doit
disparaître.

Aux petits-bourgeois de tous les pays Lénine doit
naturellement apparaître comme un Attila, venu pour
détruire la Rome du bien-être et du confort bourgeois, basés sur l'esclavage, le sang et le pillage. Mais
de même que la Rome antique a mérité sa perte, de
même les crimes du monde contemporain justifient la
nécessité de sa destruction. C'est là une nécessité
historique : rien, ni personne ne pourront l'écarter.

On entend s'élever des plaintes sur la valeur de la
culture européenne, sur la nécessité de la défendre
contre l'invasion des nouveaux Huns... Ces discours
ne sont sincères et ne signifient quelque chose que
dans la bouche d'un révolutionnaire; mais dans la
bouche des organisateurs et des complices du honteux
massacre de 1914-1918, ce sont d'écœurants mensonges.

Le processus du développement de la culture, si
l'on entend par ces mots le développement progressif
de l'art, de la science, de la technique, et de l' « hu-
manisation » des êtres qui accompagne ce développement et qui en résulte, ce processus, évidemment, ne
peut être ralenti par le fait nouveau qu'au travail

culturel prendront une part active non plus des dizai-
nes de milliers d'individus, mais des masses de plu-
sieurs millions.

Parfois l'audace de l'imagination, obligatoire pour
un homme de lettres, pose devant moi cette question:
« Comment Lénine voit-il le monde nouveau ? »

Et devant moi se déroule le tableau grandiose de
la terre devenue une émeraude gigantesque ornée des
facettes du travail d'une humanité libre. Tous les
hommes sont raisonnables, et chacun a le sentiment
de la responsabilité personnelle pour tout ce qui est
fait par lui et autour de lui. Partout, des villes-
jardins renferment de majestueux palais ; partout
travaillent pour l'homme les forces de la nature sou-
mises et organisées par son esprit, et lui-même est
devenu — enfin ! — le maître effectif des éléments.
Son énergie physique ne se perd plus en un travail
grossier et sale ; elle se transforme en énergie spiri-
tuelle, et toute sa puissance est consacrée à l'étude
des problèmes fondamentaux de la vie, à la solution
desquels se heurte en vain depuis des siècles la pensée ébranlée, morcelée par les efforts nécessaires pour
expliquer et justifier les phénomènes de la lutte
sociale, épuisée par le drame inévitable de la recon-
naissance de deux principes inconciliables.

Devenu plus noble sous le rapport de la technique,
plus judicieux au point de vue social, le travail est
devenu la jouissance de l'homme. Réellement affran-
chie, enfin, la raison de l'homme — le principe le
plus précieux au monde — est devenue intrépide.

Intrépidité de l'esprit et sagacité profonde en ma-
tière politique, tels sont les traits essentiels de la
nature de Lénine. Le monde n'avait jamais entendu
la langue que parle la diplomatie inspirée par lui.
Certes, c'est une langue qui déchire grossièrement les
oreilles délicates des diplomates en fracs et en smo-
kings, mais c'est une langue terriblement véridique.
Et la vérité sera grossière jusqu'à ce que nous, les
hommes, nous ne l'aurons pas nous-mêmes embelli,
comme notre musique, qui est une des belles vérités
créées par nous.

Je ne pense pas que j'aie prêté à Lénine des rêves qui lui sont étrangers ; je ne pense pas que je « romantise » cet homme ; je ne puis me le représenter à moi-même sans ce superbe rêve de bonheur futur de tous les êtres, et d'une vie lumineuse et joyeuse. Plus un homme est grand, plus hardi est son rêve.

Lénine est plus homme que quiconque de nos contemporains, et bien que sa pensée soit évidemment occupée, avant tout, de combinaisons politiques, qu'un romantique doit qualifier d' « étroitement pratiques », je suis persuadé qu'à ses rares minutes de détente, cette pensée militante se laisse emporter vers un avenir de beauté bien plus loin et voit beaucoup plus que je ne puis me le figurer moi-même.

*
* *

Le but fondamental de toute la vie de Lénine, c'est le bonheur de l'humanité, et c'est pourquoi il doit fatalement entrevoir dans le lointain des siècles à venir le terme de ce processus magnifique, à l'origine duquel s'est consacrée toute sa volonté avec le courage d'un ascète. Il est idéaliste, si l'on comprend par cette expression la réunion de toutes les forces de la nature humaine en une seule idée : l'idée du bonheur général. Sa vie privée est telle qu'à une époque de grande foi religieuse on aurait considéré Lénine comme un saint.

Je sais : cela mettra en fureur les petits bourgeois, beaucoup de camarades se moqueront, et Lénine lui-même partira d'un joyeux éclat de rire. Saint, c'est là effectivement un terme paradoxal et comique appliqué à un homme pour lequel « il n'y a absolument rien de saint », comme a dit de lui le vieil « homme de Dieu », l'ex-révolutionnaire N. Tchaïkovski. Un saint, Lénine, que le chef des conservateurs anglais, M. Churchill, homme de bonne éducation et de haute culture, considère comme « l'homme le plus féroce et le plus exécrable ! »

Mais, l'honorable personnage ne pourrait nier que la sainteté de l'Eglise a rarement exclu la férocité et la cruauté, témoins les luttes sanglantes des Pères de l'Eglise aux Conciles œcuméniques, l'Inquisition, et quantité d'autres abominations. D'autre part, le domaine de l'activité civique a donné naissance dans tous les temps à un nombre beaucoup plus grand de gens vraiment saints, si l'on comprend sous ce terme de sainteté le dévouement désintéressé, intrépide, aux intérêts du peuple, de la liberté, de la vérité.

Réaliste sévère, politicien spirituel, Lénine devient peu à peu un personnage légendaire. Et cela est bien.

Dès villages lointains de l'Inde, parcourant des centaines de verstes par des sentiers de montagne et à travers des forêts, en cachette, risquant leur vie, arrivent à Caboul, à la mission russe, des Hindous écrasés sous le joug séculaire des fonctionnaires britanniques; ils arrivent et demandent :—

— Qui est-ce, Lénine ?

Et à l'autre extrémité de la terre, l'on entend des ouvriers norvégiens dire à un Russe indifférent :

— Lénine, c'est le gars le plus honnête. Il n'a pas encore eu son pareil sur la terre.

Je dis : cela est bien. La plupart des gens ont absolument besoin de croire pour pouvoir commencer à agir. Ce serait trop long d'attendre qu'ils se mettent à penser et à comprendre, et pendant ce temps le mauvais génie du capital les étouffe de plus en plus vite par la misère, l'alcoolisme, l'épuisement.

*
* *

Il me semble aussi nécessaire de noter que Lénine n'est pas exempt des entraînements de l'amitié, et qu'en général rien de ce qui est humain ne lui est étranger. L'on éprouve un vague sentiment de gêne et de ridicule à parler de cela, mais les petits bourgeois du monde entier sont si effrayés, et M. Chur-

chill, les yeux fixés sur l'Orient, s'irrite si furieuse-
ment et d'une manière si nuisible pour sa santé !
Comme j'ai bon cœur, je me crois obligé de rassurer
quelque peu les gens effrayés, irrités, et tous les
ennemis du chef du « bolchevisme ».

Il arrive que Lénine estime les qualités des gens
en leur propre faveur et au détriment de la cause.
Mais presque toujours ses jugements défavorables —
et qui paraissent d'abord non fondés — sont con-
firmés inévitablement par la conduite des gens qu'il
avait jugés défavorablement avant d'avoir vu les
résultats de leurs travaux. Cela prouve peut-être que
Lénine sent mieux les défauts que les qualités des
gens, mais aussi qu'en général et partout il y a beaucoup plus de gens mauvais que de gens utiles.

Parfois, chez ce rude politique brille la flamme
d'une tendresse presque féminine pour l'homme, et
je suis sûr que la terreur lui fait éprouver des souffrances insupportables, bien qu'il sache très habile-
ment les dissimuler. Il est invraisemblable et inad-
missible que des hommes, destinés par l'histoire à
cette contradiction inconciliable : tuer les uns pour
la liberté des autres, n'éprouvent pas des tourments
qui accablent l'âme. Je connais des yeux, dans lesquels cette douleur cuisante s'est figée pour toujours,
pour toute la vie. Tout meurtre me répugne organi-
quement, mais ces gens sont des martyrs, et jamais
ma conscience ne me permettrait de les condamner.

Je remarque que, parlant de Lénine, l'on a invo-
lontairement envie de parler de toutes choses — et
évidemment, il ne peut en être autrement quand on
parle d'un homme qui est au centre et au-dessus de
tout. Bien entendu, l'on peut dire sur lui, en parti-
culier, beaucoup plus de choses que ce qui est dit ici.
Mais je suis gêné par la modestie de cet homme,
absolument dépourvu d'ambition : je sais que le peu
que j'ai dit lui paraîtra superflu, exagéré et ridicule.
Soit, qu'il se mette à rire, comme il le fait si bien;
mais j'espère que beaucoup de gens ne liront pas ces
lignes sans profit pour eux-mêmes.

Dans ces lignes, il s'agissait d'un homme, qui a eu l'audace de commencer le processus de la Révolution sociale européenne dans un pays où bon nombre de paysans veulent devenir des bourgeois repus, et rien que cela. Cette audace, beaucoup la regardent comme une folie. J'ai commencé mon travail d'instigateur de l'esprit révolutionnaire par un hymne à la folie des braves.

Il fut un temps où une pitié naturelle pour le peuple russe m'avait poussé à considérer cette folie presque comme un crime. Mais maintenant, lorsque je vois que ce peuple sait beaucoup mieux souffrir en patience que travailler consciemment et honnêtement, je chante de nouveau un hymne à la folie sacrée des braves. Et parmi eux, Vladimir Lénine est le premier et le plus fou.

UN APPEL AU MONDE CIVILISÉ

Lénine ou Wilson

La guerre est finie. L'impérialisme allemand est vaincu, et il doit subir la lourde punition de sa politique de brigandage. Le prolétariat d'Allemagne, torturé par la guerre, exténué par la faim, est obligé de payer cher aux vainqueurs parce qu'il s'est soumis à la politique de classe de ses dirigeants. Les vainqueurs, qui naguère encore déclaraient au monde entier qu'ils avaient causé la ruine de milliers d'êtres pour la victoire du droit et le bonheur universel, viennent de forcer le peuple allemand de se soumettre à des conditions d'armistice qui sont dix fois plus dures que celles du traité de Brest, et qui menacent l'Allemagne d'une famine inévitable. Chaque jour qui passe, le cynisme de la politique inhumaine des impérialistes devient plus évident et menace de plus en plus les peuples d'Europe de nouvelles guerres et de nouveaux massacres. Le Président Wilson qui hier était un éloquent défenseur de la liberté des peuples et des droits de la démocratie, équipe actuellement une puissante armée « pour la restauration de l'ordre » dans la Russie révolutionnaire, où le peuple jouit déjà de ses droits souverains, où il a pris le pouvoir dans ses propres mains et où il s'efforce, selon ses capacités, d'établir les fondations de la nouvelle structure de l'Etat. Je ne veux pas disconvenir que ce travail de construction n'ait été accompagné de destructions souvent inutiles. Mais plus que n'importe qui, j'ai le droit et le devoir de faire connaître la réalité. L'œuvre culturelle, créatrice, du gouvernement populaire russe qui travaille dans les conditions les plus difficiles et au prix d'efforts héroïques, est en train de prendre un essor et une forme jusqu'ici inconnus dans l'histoire de l'humanité.

Ceci n'est pas une exagération. Naguère encore, j'étais l'adversaire du gouvernement, et je suis encore actuellement en désaccord avec lui sur ses méthodes de travail. Mais je sais que les historiens de l'avenir, quand ils estimeront la valeur de l'œuvre accomplie par les travailleurs russes dans le cours d'une année, ne pourront manquer d'admirer la magnificence de leur travail créateur dans le domaine de la culture. Ce n'est pas ici le lieu de citer quelques exemples; je veux dire seulement que tout homme qui a réellement à cœur ce mouvement par lequel le peuple russe va participer à la culture mondiale, que tout homme qui lutte pour le renouvellement du monde doit être profondément heureux de la rapidité et du zèle ardent du peuple russe dans son effort de bâtir une nouvelle vie et d'obtenir sa part des conquêtes de l'humanité. Oui, il est vrai qu'ici, parallèlement à cette œuvre qui est d'une importance mondiale, de grandes fautes peut-être ont été commises, des cruautés superflues ont été accomplies; mais quelle importance ont ces fautes et ces cruautés, si on les compare aux effroyables crimes de la guerre qui a été provoquée par les impérialistes allemands et anglais, et n'est-ce pas justement cette guerre qui a réveillé l'animal dans tous les pays d'Europe et dans les cœurs des nations? N'est-ce pas cette guerre qui a tué la conscience, si faiblement développée encore chez les hommes, des valeurs de la vie et le sentiment du respect du travail ?

Est-ce au nom du manque de culture de la Russie révolutionnaire, est-ce au nom des offenses de la Révolution russe contre l'humanité, est-ce au nom du manque de générosité des travailleurs russes vis-à-vis de leurs ennemis de classe que les impérialistes d'Europe et d'Amérique vont attaquer la Russie révolutionnaire ? Non, la position n'est pas aussi belle que cela; elle n'est pas aussi idéaliste que la décrivent les journaux impérialistes ₃d'Angleterre, de France, d'Amérique et du Japon. Elle est beaucoup plus simple. Les impérialistes des trois continents s'efforcent de créer et de consolider les conditions et les institutions politiques qui peuvent assurer leur pouvoir sur la volonté des peuples. Grâce aux conditions par lesquelles une minorité insignifiante peut décider sans contrôle de la vie et de la mort de la majorité, c'est la minorité qui a amené cette boucherie insensée, cette boucherie sanglante. Il semble que tous les hommes sensés et honorables à travers le monde peuvent maintenant entrevoir avec une parfaite clarté l'abîme de ténèbres, la cruauté et l'égoïsme, l'hypocrisie et la stupidité qui sont rivées aux fondations de la structure capitaliste de la sociëté. Il semble qu'il est temps pour les êtres pensants et honnêtes de toutes les classes de la société de se rendre compte que le capitalisme a perdu sa faculté créatrice, qu'il n'est qu'une lourde relique du passé, et un obstacle au développement de la culture mondiale, qu'il excite l'inimitié et la haine entre les individus, les familles, les classes et les nations, et que le beau rêve de la fraternité des peuples ne peut être une réalité aussi longtemps qu'un conflit inconciliable existera entre le capital et le travail. Je ne nie pas les services rendus par le capital à la partie laborieuse de l'humanité, avec la chair et le sang de laquelle il a créé les conditions préliminaires pour une transition à des formes nouvelles, plus complètes et plus justes, de la vie de la communauté, c'est-à-dire au socialisme. Mais maintenant, depuis que cette guerre a jeté la lumière du jour sur l'incapacité, le manque d'humanité, la cruauté du vieux système, dont la stupidité et la pourriture ont éclaté à tous les yeux, la sentence de mort du capitalisme a été prononcée.

Nous, Russes, un peuple qui a été considéré justement comme arriéré, un peuple sans tradition et par là plus hardi, plus rebelle et moins en-

chaîné au passé, nous avons les premiers de tous
résolument franchi le pas qui mène à la destruction
des traditions de l'Etat capitaliste, et nous sommes
convaincus que nous pouvons dans notre grande
œuvre faire appel à la sympathie et à l'action des
classes laborieuses du monde entier, de même qu'aux
hommes qui, même avant la guerre, avaient sévère-
ment et justement critiqué les conditions sociales
dans lesquelles vivaient les peuples. Si ces critiques
avaient alors réellement un sens, tous les honnêtes
gens d'Europe et d'Amérique doivent reconnaître
notre droit de diriger notre vie comme nous l'en-
tendons. Si une partie des travailleurs intellectuels
est réellement intéressée à la solution de la grande
question sociale, ils doivent se dresser hardiment
contre ceux qui s'efforcent de reconstruire le vieil
ordre de choses, contre ceux qui veulent tuer la
Révolution russe dans des flots de sang russe, qui
veulent dompter la Russie et la piller, exactement
comme avant la guerre ils ont pillé la Turquie et la
Chine et comme ils se préparent maintenant à piller
l'Allemagne. Tel est le désir réel de l'impérialisme.
Telle est sa mission sacrée. Le leader de la campagne contre la Russie est Woodrow Wilson. Vladimir Lénine tient fermement dans sa main le flam-
beau de la Révolution russe, qui répand sa lumière
sur le monde entier. Le prolétariat et les travailleurs
intellectuels doivent décider ce qui est mieux pour
eux : ou les défenseurs de l'ordre ancien, les repré-
sentants du système de gouvernement de la minorité
sur la majorité, système vieilli, impossible pour
l'avenir et destructeur de toute culture, ou le chef
et le propagateur des nouveaux idéaux et sentiments
sociaux, qui personnifie pour tous les travailleurs
les belles pensées du bonheur du travail libre et la
fraternité des peuples.

A différentes périodes de l'histoire, presque chaque
peuple a senti qu'il était le Messie, appelé pour sau-
ver le monde, et qu'en lui était née la force la meil-
leure et la plus idéale... Il est aujourd'hui clair que

c'est au peuple russe, à ce peuple affamé, torturé par trois siècles d'esclavage, exténué par la guerre, que l'histoire a confié cette grande mission, même sous la menace d'être écrasé par des brigands. Au milieu de tout cela, la Russie dit aux travailleurs et aux gens sensés de l'univers: « Venez et allez avec nous de l'avant, vers une nouvelle vie, pour la création de laquelle nous travaillons sans nous épargner nous-mêmes, sans épargner ni les gens ni les choses ! En errant et en souffrant dans la grande joie du labeur et dans l'espoir ardent du progrès, nous laissons tous nos actes au jugement honnête de l'histoire. Venez avec nous vous battre contre l'ordre ancien, et tra-vailler pour de nouvelles formes de vie ! En avant pour la liberté et la beauté de la vie !

(Novembre 1918.)

Hier et aujourd'hui

C'était hier le jour du grand mensonge — le dernier jour de son règne.

Depuis l'antiquité, fil à fil, comme les araignées, les hommes tissaient laborieusement la toile solide de leur prudente vie bourgeoise, l'imprégnant toujours plus de mensonge et de cupidité. On considérait comme une vérité inattaquable ce cynique mensonge que l'homme doit se nourrir de la sueur et du sang de son prochain, que les moyens de production — ses armes dans la lutte contre la nature — doivent servir contre l'homme de moyens d'oppression.

Et voici qu'hier nous arrivions par ce chemin jusqu'à la folie de la guerre européenne dont les pourpres lueurs de cauchemar éclairèrent tout à coup la nudité monstrueuse et totale du vieux mensonge commode, — et voici qu'à présent nous voyons le vieux monde ébranlé dans ses fondements, miné, ses ténébreux secrets sont mis à jour, et les aveugles mêmes, guéris, aperçoivent toute la hideur du passé.

Aujourd'hui, — le jour est venu de payer la terrible rançon du mensonge qui régnait hier.

La violence de l'éruption — la patience des peuples étant à bout — a ruiné la vie gangrenée, et il n'est déjà plus possible de la rétablir dans ses formes anciennes. Tout le vieux monde est-il tué ? Non ! Mais il le sera demain.

Que de choses sont terribles, mais tout est naturel, intelligible. N'est-il pas naturel que les hommes, empoisonnés par l'âpre venin du pouvoir, par l'alcool et par la syphilis ne puissent pas être généreux ? N'est-il pas naturel que les hommes volent — si le vol était hier la loi fondamentale ? N'est-il pas naturel de tuer les gens par milliers, par centaines de mille après que nous avons été pendant quatre ans accoutumés à les tuer par millions. Ce qui fut semé hier ne pouvait pas ne pas croître aujourd'hui ; le jour présent est cruel, mais ce n'est pas lui qui a engendré la cruauté. Le mal est créé par la force humaine, rien ne se produit hors de nous. On voit nettement parmi les ruines du passé tout ce par quoi le mal fut lié, cimenté, et tout ce qui couvait dans l'âme des opprimés les excite aujourd'hui à opprimer. L'homme apparaît devant le miroir de l'histoire, nu comme un fauve, enflammé d'un tardif mais inutile désir de vengeance ; et certes l'on peut dire beaucoup de mal de l'homme d'aujourd'hui.

Mais, le jour est trop clair — et c'est pourquoi les ombres sont si noires. Il faut comprendre qu'aujourd'hui, dans la poussière, dans la boue, dans le chaos de la destruction, la grande œuvre est déjà commencée de la libération des hommes, hors des toiles d'araignées, d'une solidité de fer, du passé, travail terrible et difficile comme les douleurs de l'enfantement; il faut comprendre que le mal d'hier achève de vivre ses dernières heures avec les hommes d'hier...

Or ce sont les Russes qui vont au combat pour le triomphe de la justice, à l'avant-garde des peuples du monde, les guerriers les moins aguerris, les plus faibles, — les Russes, gens d'un pays doublement arriéré au point de vue de l'économie et de la culture, gens que le passé tortura plus que les autres. Hier encore l'univers les considérait comme des demi-sauvages, et aujourd'hui, mourant presque de faim, ils vont vers la victoire ou la mort, ardents et braves comme de vieux combattants.

Tout homme qui croit sincèrement que l'invincible tendance de l'humanité vers la liberté, vers la vie simple et rationnelle, n'est pas une inféconde chimère, mais une force parfaitement réelle, seule capable de créer de nouvelles formes de vie, que cette force est vraiment le levier grâce auquel on peut retourner le monde, tout honnête homme doit reconnaître la signification mondiale de ce que font aujourd'hui les plus probes révolutionnaires de Russie.

Une lettre de Gorki à Wells

Le 26 avril 1920, le *Times* a publié les impressions d'un Anglais récemment revenu de Russie. Entre autres choses, il raconte que l'on a trouvé des doigts humains dans le bouillon servi dans une des cuisines communales de Pétrograd. Si cette stupide absurdité avait été publiée dans une feuille obscure dont l'objet serait d'en appeler aux plus bas instincts des masses, je n'aurais accordé aucune attention aux ragots d'un individu furieux et fort peu spirituel, mais comme le *Times* a jugé bon de raconter cette histoire, je tiens à vous informer que l'histoire est fausse.

Croyez-moi, mon cher Wells, nous, Russes, nous n'avons pas encore atteint le stade du cannibalisme, et c'est ma conviction que nous ne l'atteindrons pas, en dépit des efforts faits par les puissances occidentales, hautement civilisées, pour créer ici des conditions qui forceraient les Russes à tomber dans la sauvagerie et la dégénérescence.

Nous vivons en des temps où même l'imagination la plus pervertie et la plus criminelle ne saurait forger un mensonge ou une calomnie qui pourraient être plus terribles et plus dégradants que l'actuelle vérité. Une de ces vérités révoltantes est la chasse à courre organisée contre la Russie, un pays qui consacre toute sa puissance créatrice à une expérience sociale de la plus haute importance et d'une signification très grande pour l'humanité en général.

Nous, Russes, nous devrions être laissés soit à notre sagesse, soit à notre folie. Dans l'un et l'autre cas, nous aurions fourni au reste de l'Europe un spectacle instructif. Et cependant l'Europe, représentée par la Grande-Bretagne et la France, essaie de nous étrangler. Je ne crois pas que l'Europe puisse y parvenir, mais il est possible que sa politique envers la Russie pousse les Russes dans la direction de l'Asie. Ne prévoyez-vous pas, dans cette union possible avec les nationalités asiatiques, une menace terrible pour la culture européenne ? En ce qui me concerne, cette question m'obsède comme un cauchemar.

Permettez-moi, pour conclure, de vous dire quelques mots sur Lénine. Il a été affirmé dans le *Times* que cet homme s'entoure d'un luxe asiatique, semi-barbare. C'est une invention honteuse. Lénine est dénué de l'amour du pouvoir. Il est puritain de nature et vit aussi simplement et aussi modestement au Kremlin que lorsqu'il était « émigré » à Paris. C'est un grand homme et un honnête homme. Son rôle en Russie est celui d'une charrue colossale qui retourne infatigablement un sol en friche.

Croyez-moi, je ne ferme pas les yeux sur les manifestations négatives causées par la guerre et la révolution, mais, en même temps, je ne puis m'empêcher de voir la naissance dans la nation russe d'une force de volonté créatrice qui, pas à pas, est en train de transformer notre peuple en une puissance effectivement civilisée. Et, pour moi, c'est là le commencement des commencements, car au commencement était l'action.

(Internationale Communiste, Juillet 1920).

La révolte des esclaves

J'ai reçu une série de lettres venant de différentes personnes. Elles ont toutes un ton désespéré et révèlent une peur mortelle. On sent que ceux qui les ont écrites ont traversé bien des heures, bien des journées sombres, que leur cœur est torturé par des pensées inquiétantes qui les empêchent de dormir.

« Qu'est devenu le bon peuple russe ? Pourquoi s'est-il transformé subitement en une bête de proie, avide de sang ? » m'écrit une dame sur un papier parfumé. « Le Christ est oublié, ses doctrines déshonorées », m'écrit le comte de F... « Etes-vous satisfait ? Qu'est devenu le grand principe de l'amour du prochain ? L'influence de l'école et de l'église ? » me demande Ch. Brouteim de Tambov.

Les uns grondent et menacent, les autres se bornent à pleurnicher. Tous sont excités, déprimés, saisis de peur à l'idée de traverser cette époque tragique et noble. Comme je ne puis répondre isolément à chacun d'eux, je leur réponds ici, à tous à la fois :

« Messieurs et Mesdames,

« Les jours d'expiation de votre criminelle indifférence vis-à-vis de la vie du peuple sont arrivés. Tout ce que vous éprouvez, tout ce qui vous tourmente — vous l'avez mérité. Et je ne peux vous dire et vous souhaiter qu'une chose : que soit réalisée plus profondément et plus intensément encore toute l'horreur de cette vie que vous vous êtes créée à vous-mêmes. Que vos cœurs soient plus anxieux encore, que les larmes troublent votre sommeil, que le vent de folie et de cruauté qui passe sur notre pays vous brûle comme le feu ! Vous le méritez. Vous serez anéantis, mais il se peut aussi que tout ce qui reste encore de sain et d'honnête en votre âme soit purifié de la malpropreté et de la bassesse qui s'y étaient implantées — votre âme, dont vous avez pris si peu de soin, votre âme remplie d'avidité, de mensonges, d'esprit de domination, en un mot de tous les instincts les plus vils !

« Madame, vous voulez savoir ce qui est arrivé au peuple ? Il a perdu patience. Il s'est tu pendant longtemps ; pendant longtemps, sans bouger, il s'est soumis à la violence ; pendant longtemps, son dos asservi a porté tout le poids de la vie des puissants. Mais à présent, il n'en peut plus. Et cependant, il est loin encore d'avoir secoué de ses épaules le poids dont on l'avait chargé. Vous vous effrayez trop tôt, chère madame. A franchement parler, qu'aurait donc pu devenir le peuple, sinon une bête de proie ? Qu'avez-vous fait pour qu'il en soit autrement ? Lui avez-vous inculqué quoi que ce soit de raisonnable, avez-vous semé la moindre semence de bonté en son âme ?

« Pendant toute votre vie, vous lui avez pris son travail, sa dernière bouchée de pain, sans même comprendre que vous le lésiez. Vous viviez sans vous demander ce qui vous faisait vivre, quelle était la force qui vous soutenait. Par l'éclat de vos toilettes, vous excitiez l'envie des pauvres et des malheureux ; lorsque vous alliez à la campagne et viviez près des moujiks, vous les regardiez de votre hauteur comme s'ils étaient d'une race inférieure. Ceux-ci cependant comprenaient. Ce sont des êtres sensibles et bons par nature, mais vous les avez rendus méchants. Vous célébriez des fêtes auxquelles les déshérités n'avaient point part, et vous voudriez qu'ils vous fussent reconnaissants ? Vos chants, votre musique ne pouvaient pas édifier des hommes affamés. Vos airs de condescendance méprisante pour le moujik ne pouvaient pas éveiller en son âme une estime pour vous. Qu'avez-vous fait pour lui ? Vous êtes-vous occupés d'améliorer son cœur ? Non, vous l'avez rendu cruel. Avez-vous désiré qu'il soit plus intelligent ? Non, vous n'y avez pas même pensé. Le moujik était pour vous une bête de somme ; il vous arrivait de vous entretenir avec lui comme avec un sauvage, mais vous n'avez jamais vu en lui un être humain. Quoi d'étonnant alors qu'il soit pour vous un animal féroce ?

« Chère madame ! Votre question n'exprime pas seulement votre méconnaissance de la vie, mais aussi l'hypocrisie du pêcheur qui, sentant bien qu'il a péché, ne veut pas reconnaître ses péchés ouvertement.

« Vous saviez, vous ne pouviez vous empêcher de voir comment vivait le moujik. L'homme qui est battu doit forcément se venger tôt ou tard. L'homme pour lequel on n'a pas de pitié, ne connaît pas la pitié. C'est clair. Mieux encore : ce n'est que juste. Comprenez-moi donc : Ce qu'il y a de plus terrible, ce n'est pas de se battre, mais c'est de ne pouvoir faire autrement que de se battre ; ce n'est pas de ne pas éveiller la pitié, mais bien de ne pas *pouvoir* l'éveiller. Comment pouvez-vous chercher la pitié dans un cœur dans lequel vous avez semé la vengeance ?

« Chère madame ! A Kiev, le bon peuple russe a jeté par les fenêtres de sa maison, Brodsky, un grand industriel connu. De même la gouvernante fut précipitée dans la rue. Mais un petit canari qui se trouvait dans sa cage fut épargné. Méditez ce fait. Le petit canari a éveillé une sorte de pitié, tandis que l'homme était jeté par la fenêtre. Il y avait donc place pour la pitié dans le cœur des révoltés. Mais cette pitié n'était pas pour l'homme, qui ne l'avait pas méritée. C'est en cela qu'est toute l'horreur et toute la tragédie.

« Chère madame, êtes-vous bien persuadée que vous ayez le droit de demander qu'on se conduise vis-à-vis de vous comme vis-à-vis d'un être humain, alors que vous-même, pendant toute votre vie, avez été sans pitié pour votre prochain et n'avez pas reconnu en lui votre égal. Vous écrivez des lettres, vous êtes instruite. Vous avez probablement aussi lu des livres dans lesquels on décrit la vie des moujiks. A quoi pouvez-vous donc vous attendre de la part du paysan, lorsque, sachant comment il vivait, vous n'avez rien fait pour améliorer son existence ? Et maintenant, c'est vous qui êtes les misérables. Et vous voilà écrivant d'une main que la peur fait trembler, des lettres de désespoir à un homme qui — vous devriez le savoir — ne peut ni dissiper vos craintes, ni adoucir votre chagrin. Certes, non.

« L'expiation est dans l'ordre des choses. Nous vivons dans un pays où jusqu'à ces derniers jours les hommes furent fouettés avec des nagaïkas, et bastonnés à mort; dans un pays où des côtes furent cassées, des figures mutilées par plaisir; dans lequel les violences faites aux hommes n'avaient pas de limites; dans lequel les tortures furent variées à l'infini jusqu'à rendre fou de dégoût et de honte. Un peuple élevé à une école qui rappelle de façon triviale les tourments de l'enfer, un peuple élevé à coups de poing, de verges et de nagaïkas, ne peut avoir le cœur tendre. Un peuple que les agents de la police ont piétiné sera capable à son tour de marcher aussi sur le corps des autres. Dans un pays où l'iniquité régna pendant si longtemps, il est difficile au peuple de réaliser du jour au lendemain la puissance du droit. L'on ne peut exiger de celui qui n'a pas connu la justice, qu'il soit juste. Tout se comprend, dans un monde où vous, Madame, et la société, avez permis sans protester que l'homme fût violenté de toutes façons. Les hommes ressentent plus profondément aujourd'hui qu'il y a cinquante ans, le soufflet que votre père donna alors à son laquais.

Les hommes se sont développés; et au fur et à mesure qu'ils se développaient, le sentiment de la dignité personnelle croissait en eux, et cependant on continuait à les traiter comme des esclaves, à ne voir en eux que des animaux. Chère madame ! N'exigez pas des hommes ce que vous ne leur avez pas donné. Vous n'avez pas droit à la pitié, la pitié vous est inconnue. Le peuple a été tourmenté et continue à être tourmenté par tous ceux qui avaient ou ont encore une prise quelconque sur lui. Maintenant que le tsarisme et le capitalisme ont amené le pays à la révolution, toutes les forces obscures du peuple se sont déchaînées, tout ce qui a été réprimé pendant des siècles a fait explosion, et la vengeance éclate de toutes parts.

« Il y a cependant dans le pays une autre force, une force lumineuse, animée d'une grande pensée, inspirée par le rêve éblouissant d'un royaume de justice, de liberté, de beauté... Mais à quoi bon, chère madame, décrire en paroles la beauté et la grandeur de la mer, à qui n'a plus d'yeux pour les voir ».

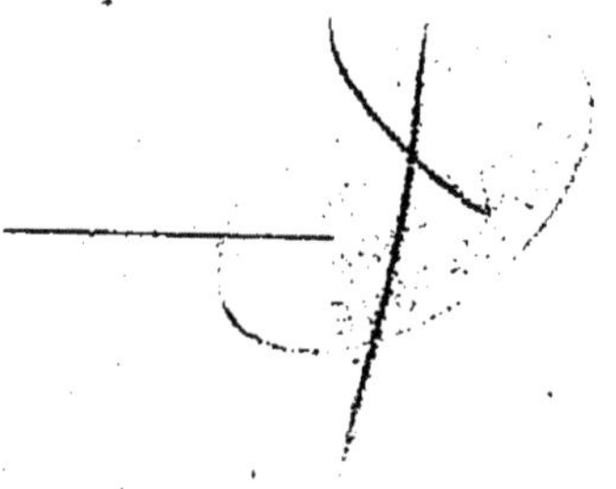

Gorki (Maxime)
Vladimir Ilitch Lénine

Gorki (Maxime)
Vladimir Ilitch Lénine

A la même Librair

Imprimerie Coopérative Ouvrière — Villeneuve-Saint-Georges (Seine-et-Oise)